AF463173

LETTRES

AU T. R. P. PÉTÉTOT

PAR LES PÈRES

DE VALROGER ET GRATRY

1858-1860

—

« *Après ma mort, on publiera deux ou trois lettres par lesquelles mes Confrères sauront exactement ce qu'il faut penser de moi.* »

P. Pététot.

1. — LETTRE DU P. DE VALROGER

Paris, 5 Octobre 1858

—

Mon très cher Père,

Vous voilà en retraite! Depuis longtemps j'appelais de mes vœux ce moment décisif, et je différais à vous dire des choses non moins pénibles pour moi que pour vous. L'heure est venue de vous ouvrir mon cœur et de décharger ma conscience d'un poids qui l'oppresse depuis longtemps.

Vous désirez connaître dans cette retraite, ce qui vous empêche de remplir votre mission avec le succès désirable. Je croirais manquer à un devoir pressant et d'une importance souveraine, si je tardais encore à vous dire toute ma pensée à ce sujet, avec une franchise dont vous me pardonnerez, j'espère, la rudesse. J'ai souvent tenté de vous faire entendre ces vérités sous une forme moins rude. N'ayant pas réussi, je me résigne à être brutal dans l'espoir de fixer mieux votre attention.

Il vous manque la charité si tendre, la cordialité si attrayante, la ferveur angélique de saint Philippe, et cette admirable compréhension des besoins scientifiques de l'Eglise qui fit de lui l'inspirateur et le soutien persévérant de Baronius.

Il vous manque le ferme caractère, les sentiments si élevés, les vues si larges et la science profonde du grand cardinal de Bérulle, maître de saint Vincent de Paul, du P. de Condren, et par lui de M. Olier, également admiré par saint François de Sales et par Descartes, inspirateur de Mme Acarie, des travaux bibliques et théologiques du P. Morin et de la polyglotte de Lejay, supérieur au cardinal de Richelieu pour l'intelligence de la politique chrétienne et française.

Qu'avez-vous fait pour comprendre à fond et pour imiter ces sublimes modèles, pour les faire comprendre, aimer, admirer et imiter? Presque rien!... La tête si belle, si aimable, si vénérable de saint Philippe de Néri reste à moisir dans votre armoire avec ses reliques, comme le corps du P. de Bérulle reste à Saint-Sulpice, comme la vie et les œuvres de ces deux grands hommes restent le plus souvent à dormir dans la poussière de votre bibliothèque!...

Comment n'avez-vous pas senti plus vivement le besoin de vous rattacher à ces immortels souvenirs et de vous mettre sous leur protection, pour faire oublier votre faiblesse et la nôtre? C'était la première leçon de modestie à nous donner!... Cela eût mieux valu que des déclamations outrées contre l'orgueil.

Nous sommes restés jusqu'ici sans idéal commun, ballottés entre vous et le P. Gratry. Durant longtemps, le P. Gratry a été le chef, le maître, le docteur du nouvel Oratoire, dont vous étiez seulement le père nourricier.

Vous commencez à prendre conscience de votre mission, mais saurez-vous la remplir? Non certainement, si vous restez ce que vous êtes! Il vous faut devenir un homme nouveau, un vrai disciple du P. de Bérulle et de saint Philippe.

Le plus grand obstacle à votre transformation, c'est que vous êtes absorbé par une multitude d'occupations extérieures, qui ne vous permettent pas de vous occuper des deux affaires qui vous importent le plus : la réforme de vous-même et le gouvernement de la Congrégation.

Tourné toujours au dehors, vous ne voyez dans la Communauté que les choses les plus extérieures. Vous ne remarquez ni les souffrances que vous devriez consoler, ni les défauts que vous devriez corriger avec le plus de soin et de persévérance.

On vous a quelquefois appelé *un bourru bienfaisant*. Cette épigramme était assez juste. Vous êtes toujours disposé à donner votre argent; c'est une qualité très honorable, bien que parfois elle tienne à plusieurs défauts, la prodigalité, l'insouciance, etc. Mais, quoique bienfaisant, vous êtes fort peu sympathique ; loin de compatir à ceux qui souffrent, vous riez de leurs souffrances, comme un homme sans cœur, que sa bonne santé rend insolent vis-à-vis des malades. Il y a surtout une maladie cruelle pour laquelle vous êtes impitoyable, la maladie du doute. L'impureté vous trouve, ce semble, plus indulgent. Quoiqu'il en soit, vous ne pouvez dire comme saint Paul : « *Quis infirmatur, et ego non infirmor ? Quis scandalizatur, et ego non uror ?* »

Il y a en vous un mélange singulier de dureté et de faiblesse, de rigorisme outré dans votre langage, et de laisser faire, de relâchement, dans votre manière habituelle de gouverner. Pour mieux dire, habituellement vous ne gouvernez pas ; vous vous bornez à prêcher, sauf à être terrible dans vos prédications. Par exemple, vous tonnez à outrance contre l'orgueil, et vous le nourrissez, vous le développez, sans y songer, chez vos plus jeunes enfants, par une déférence capable d'enorgueillir même les plus modestes.

Ce n'est pas ainsi que l'on fait l'éducation. Aussi, je ne connais pas un seul grand séminaire où l'éducation ecclésiastique ne soit plus forte et plus complète qu'elle ne l'est ici. Et vous aspirez à former des éducateurs du clergé !... Soyez donc d'abord éducateur vous-même.

Pour cela, il faut devenir plus observateur. Vous n'observez que superficiellement et en courant. Les choses extérieures vous frappent démesurément. Une figure mal taillée et des mains sales vous choquent plus qu'un esprit vulgaire, ou un caractère grossier.

Vous avez sans doute des vues très bonnes sur l'éducation, mais il y a loin de ces vues générales à la connaissance pratique et au maniement des individus.

Vous avez de l'ascendant sur les natures féminines et enfantines, faciles à impressionner et à dominer. Vous le sentez ; naturellement elles vous plaisent, et par suite vous avez souvent un faible pour elles, si bien qu'elles finissent, à votre insu, par vous mener à bien des choses.

Comme tous les improvisateurs, vous avez l'imagination vive, ardente et impétueuse ; mais comme eux aussi vous êtes mobile, oublieux, tout entier à l'impression du moment. Ce qui vous manque, c'est l'élévation calme et soutenue de la raison, et l'énergie persévérante de la volonté.

La première condition pour remédier à ces imperfections, ou à ces défauts de votre nature, c'est de les reconnaître, et de vous tenir en garde contre leur influence.

La seconde, c'est de moins vous disperser et de fortifier

votre vie intérieure. Vous n'étudiez que pour la préparation immédiate de vos sermons ; votre esprit, n'ayant pas une nourriture suffisante, s'est rétréci et affaissé ; votre cœur aussi est devenu froid. Que de fois j'ai souffert de la frivolité, de l'imprudence, et même de la trivialité bouffonne de vos conversations ! Il est grand temps de relever vos idées et vos sentiments à la hauteur de votre mission. Lisez, relisez, méditez sans cesse la vie de vos modèles. Priez continuellement Notre-Seigneur de vous donner leur esprit ; et pour l'acquérir, appliquez-vous à le faire aimer, admirer, désirer par tous vos enfants. Que vos allocutions quotidiennes de la lecture spirituelle soient l'objet principal de vos pensées ; qu'elles deviennent enfin une source intarissable de consolation et de force, de lumière et de chaleur, pour la Communauté ! Que votre gouvernement soit toujours plein de force et de douceur, de fermeté et de tendresse paternelles, de circonspection et de sollicitude, de cordialité et d'énergie. « *Attingens omnia a fine usque in finem fortiter, et dis-* « *ponens omnia suaviter !* »

Ne prêchez plus pour gagner de l'argent, et ne me parlez plus de faire des livres dans le même but. Travaillons, chacun selon notre manière, à la gloire de Dieu et au salut des âmes ; le reste nous sera donné par surcroît.

En relisant tous ces avis, je suis effrayé pour vous et pour moi. Je crains de vous décourager. Je crains aussi que vous ne me trouviez injuste. En conscience, néanmoins, je ne puis rien retirer de ce que je viens d'écrire ; Dieu veuille vous faire apprécier mes intentions, et ce qu'il y a pour vous dans mon cœur de respect et d'amour filial, malgré les souffrances et les cruelles inquiétudes que m'ont causées et que me causent encore vos imperfections ! Puisse-t-il surtout vous donner la force de devenir un homme nouveau !

Il me reste une dernière chose à vous dire, et c'est la plus pénible. J'étais venu chercher à l'Oratoire une cellule pour y travailler dans le recueillement à la défense de la religion. Vous m'avez toujours détourné des travaux auxquels je suis appelé, d'après les juges les plus compétents. Ma conscience m'a souvent reproché la faiblesse avec laquelle je me laissais détourner de ma vocation la plus certaine; et ses reproches deviennent plus pressants à mesure que ma vie et mes forces s'en vont. Je ne puis tarder davantage à vous en prévenir. Etranger aux études de ma vie entière, et ne pouvant dès lors en apprécier l'importance, vous ne comprendrez peut-être pas la légitimité de mes plaintes et de ma résolution. Je m'y résigne; mais je ne puis continuer à consumer le peu de force qui me reste dans des fonctions auxquelles je ne crois pas être appelé.

Veuillez donc aviser aux moyens de me remplacer bientôt dans ces fonctions. Je vous dirai de vive voix ce qu'à mon avis vous devez et pouvez faire pour cela.

Veuillez, en attendant, croire toujours à l'affectueux respect avec lequel je suis, cher et vénéré Père, autant qu'il m'est possible,

Votre fils humble et dévoué en J.-C. et en M. I.

H. de VALROGER,
O. I. C.

2. — LETTRES DU P. GRATRY

Mai 1860

—

Mon cher et bon Père,

Vous savez quelle est ma tendresse et ma vénération pour vous. Mais il faut enfin, et à cause même de ma vénération et de ma tendresse, que je vous dise nettement et entièrement, ce qui me paraît être l'évidence même sur votre gouvernement de l'Oratoire.

Je vous supplie de lire ceci devant Dieu, en admettant d'avance que vous pouvez vous tromper, et qu'à la rigueur je puis avoir raison.

Je commence par l'affaire qui est l'occasion de cette lettre, et qui met à nu tout ce que je veux dire.

Donc, il y a cinq ou six jours, j'ai appris par hasard ceci : c'est que vous êtes sur le point de prendre le Petit-Séminaire de Quimper. Vous allez charger la Communauté de ce fardeau, pendant qu'elle ne peut déjà pas porter le Petit-Séminaire de Saint-Lô. Et vous allez faire cela de votre autorité privée, sans en avoir dit un mot jusqu'à ce jour, ni à moi ni au P. Gillet, ni, que je sache, à aucun membre de la Communauté, sauf les deux (trois peut-être) qui vous y poussent, dont un novice.

C'est là, cher Père, un acte tellement énorme, tellement extraordinaire, qu'il est de mon devoir d'essayer encore une fois de vous ouvrir les yeux.

Vous avez déjà pris le Petit-Séminaire de Saint-Lô, malgré toute la Communauté, excepté un membre. Je dis malgré ! car le vote que vous avez extorqué au P. Gillet et à moi, *en déclarant que vous partiez le lendemain, si l'on ne votait pas*, doit être considéré comme nul.

Vous avez fait cela, quoiqu'il fût convenu, au début de la fondation, (sans quoi je n'y aurais pris aucune part) qu'on ne mettrait dans les Petits-Séminaires que le superflu des forces, jamais le noyau primitif, et qu'on attendrait dix ans et plus, s'il le fallait, pour se charger d'une première maison.

Vous avez pris ce Petit-Séminaire, ou plutôt ce Collège, cette maison mixte, où il y a des uniformes et des képis, quoiqu'il fût absolument convenu et répété, comme article fondamental, qu'on ne prendrait jamais de maison mixte. Or Saint-Lô est une maison mixte, de fait et de droit, par contrat avec la ville. S'il n'y avait eu que le fait ! mais le droit !

Vous avez fait cela *entre deux conseils,* et après qu'à la fin du précédent il eut été convenu que, vu cette clause de *maison mixte par contrat,* il fallait étudier de nouveau la question et procéder à un nouveau vote. Au conseil suivant, trois jours après, vous êtes venu dire que vous aviez pris sur vous de signer. C'était évidemment faire acte de dictature et violer toute espèce de règle et de droit. Mais vous avez répété, ici encore, que vous partiez le lendemain matin, si la chose ne passait pas.

On a donc pris Saint-Lô. On y a mis des hommes qui n'étaient nullement entrés à l'Oratoire pour faire de l'enseignement secondaire et préparer des bacheliers, et qui ont été et qui sont encore écrasés sous le fardeau.

Comme me le disait, il y a peu de jours, M. Buquet, qui a été trente ans dans la partie : « Le P. Pététot ne se « doute pas et ne peut pas se douter de ce qu'est un Col- « lège ou un Petit-Séminaire ». Mon cher Père, vous ne vous en doutez pas, et vous ne vous en douterez jamais. Moi qui, comme M. Buquet, ai rempli toutes les fonctions de l'enseignement secondaire depuis la dernière, jusqu'à la première, et cela pendant dix-huit ans, moi je sais ce que c'est. Je sais ce que supportent, et cela sans fruit utile, les pauvres victimes que l'on charge en trop petit nombre, de l'écrasant fardeau d'une telle maison. Les Jésuites le savent, lorsqu'ils posent que, pour un Collège médiocre, il faut trente à quarante Jésuites, et le double pour les très grandes maisons. Vous, vous prenez hardiment une maison plus que médiocre avec douze Oratoriens, et avec dix-huit en tout pour les deux, vous allez en prendre une seconde, laissant dans la maison mère, un noyau d'environ dix personnes.

Non, vous ne vous doutez pas de ce que vous faites en

agissant ainsi, ni de ce que vous avez déjà fait, ni de ce que vous allez faire.

J'ai eu, ces vacances, les intimes confidences du P. Gibon, qui m'avoue être entré à l'Oratoire précisément pour fuir l'enseignement secondaire, qui m'avoue que ce cruel fardeau le tue, esprit et corps, qui m'avoue, (ce que je sais d'avance) que tous en sont plus ou moins écrasés. Ils n'ont pas même le temps de faire régulièrement leur méditation et de dire leur bréviaire. Quant à entretenir la vie de l'esprit, par quelque lecture ou étude, il n'y faut plus penser. J'ai vu le P. Simon ces vacances, je l'ai vu pliant sous le faix ; je l'ai vu brisé, et luttant avec acharnement contre l'écrasant fardeau, dans l'espoir de ramasser à force de volonté, trois quarts d'heure par jour, peut-être même une heure, me disait-il, afin de continuer quelque peu les études de son choix et de sa vocation, pour lesquelles il était entré à l'Oratoire. Oui, dès ces vacances, je l'ai vu commençant à succomber. Si j'avais pu quelque chose on l'eût à l'instant même retiré de Saint-Lô, et nous lui sauvions la vie. Oui, mon cher Père, je vous dis mon intime et absolue conviction, le P. Simon est mort à la peine, et si vous aviez su, comme moi, *ce que c'est*, si vous n'aviez pas pris violemment, malgré tous, contre toute règle et toute raison, ce fardeau impossible, vous n'auriez pas écrasé le P. Simon. Et qu'avez vous fait du P. Galey ? Etait-il capable d'un tel fardeau? Et tant d'autres? mais il y a là un point que vous ne pouvez comprendre. C'est pourquoi je vous avertis solennellement que votre responsabilité est bien grave!

Eh bien ! c'est après tout cela que vous voulez maintenant prendre un second Petit-Séminaire, en ôtant des hommes à Saint-Lô, maison que d'ailleurs, si je ne me trompe, vous vous êtes engagé à peupler entièrement d'Oratoriens! Seul, de votre propre autorité, sans consulter la Communauté, sans même consulter le Conseil, ou du moins sans l'avoir encore consulté, après avoir préparé la chose dans un profond secret, vous voilà sur le point de prendre dans quelques jours, un nouvel engagement.

Mon cher Père, je vais vous dire nettement ce que tout cet ensemble de conduite rend aussi clair que l'évidence même ; je dis ceci devant Dieu, écoutez-le devant

Dieu. C'est que, *pour la fondation et le gouvernement de l'Oratoire*, VOTRE INCAPACITÉ EST RADICALE ET IRRÉPARABLE. Elle n'est peut-être pas moindre que la mienne : c'est tout dire.

Ceci, cher Père, est solennel. Vous savez très bien que je suis l'un des hommes qui vous aiment et vous vénèrent le plus ; vous savez que je ne parle ainsi, que sous le coup d'une conviction absolue, et dans la plus entière droiture d'intention.

Je vous supplie donc en présence de ma solennelle déclaration, de faire un immense et profond effort d'humilité, et de vous poser la question : Serait-ce vrai ? serait-ce vrai ?

Montrez cette lettre à qui vous voudrez, à ceux qui vous connaissent le mieux, et posez leur la question.

Vous savez quelles illusions on peut se faire, quand il s'agit de soi. Et pourtant vous êtes déjà si humble et si bon ! mais laissez-moi vous dire une bien singulière cause d'illusion, que depuis longtemps j'aperçois en vous. C'est, mon bien cher Père, votre vertu même, votre grand courage, votre austérité, votre désintéressement complet, et la perpétuelle sérénité d'une conscience sainte et sans tache. Oui, dans cette sérénité, qui est l'avant-goût du ciel, vous êtes content et heureux, quoiqu'il arrive. Dans cette sérénité qui suffit à l'âme, vous venez de passer dix années de votre vie, et vous allez laisser couler indéfiniment les années en arrosant à la sueur de votre front, *une branche sèche*, que vous appelez l'Oratoire. Les grands services qu'un homme comme vous pouvait et devait rendre à l'Eglise, sont neutralisés dans le vide ; par une idée fausse, vous vous épuisez en efforts stériles, en efforts stérilisateurs pour les hommes qui sont avec vous ; mais vous êtes content.

Oui, une âme pleinement en paix et en sérénité s'habitue quelquefois plus facilement qu'une autre à agir dans le vide, aussi bien qu'à parler dans le vide. Cette dernière habitude, cher Père, il faut encore que je vous dise ceci, vous ne l'avez déjà que trop. J'en ai été moi-même, en vous écoutant, plusieurs fois frappé, et la même impression me revient de tous les côtés. Par exemple, pour votre mois de Marie de Sainte-Clotilde, voici ce qu'on m'a dit il y a peu de jours : « Les parois-

« siens de Sainte-Clotilde sont consternés, ce sont des « mots, des mots, des mots, et rien dedans. Plusieurs « personnes en parlaient hier soir devant le curé de ..... « et croyaient exprimer l'opinion générale. C'est une « vraie désolation. » J'en rabats et l'on trouverait certainement des auditeurs moins consternés. Cependant il est impossible qu'il n'y ait pas beaucoup de vrai, et comme ces saints qui sont toujours contents d'un sermon, pourvu que les noms de Jésus et de Marie soient prononcés, vous aussi, il vous suffit de les prononcer, car ils vous disent tout, et vous croyez qu'on doit être content.

En tout cela, cher Père, je crois voir, comme de mes deux yeux, que vous ne faites utilement ni une chose ni une autre, et que vous perdez votre belle vie. J'en ai un jour, et plus d'une fois, versé des larmes. C'est moi qui, croyant faire le bien, vous ai arraché de vive force à Saint-Roch. Mais ce qui atténue ma faute, c'est que, d'accord avec l'abbé de Borie, je croyais en cela vous sauver la vie.

Avant d'en venir à ma conclusion pratique, laissez-moi vous faire une autre critique sur la manière dont vous préparez *les Constitutions.*

Si vous aviez une passion dominante, cher Père, ce serait celle de faire des règlements. Je n'oublierai jamais l'étonnement que vous m'avez causé, dans les premiers temps de notre petite réunion, à Saint-Louis d'Antin, et à Saint-Roch, avec l'abbé de Borie et quelques autres : vous avez commencé avant tout par proposer de faire des règlements. Des règlements sur quoi ? pour qui ? On ne savait en aucune sorte ce qu'on était, ce qu'on voulait : c'est égal, vous avez consacré toutes les séances des six ou huit premiers mois à faire des règlements lesquels, comme de juste, n'ont jamais servi à rien, puisque l'objet auquel on voulait les appliquer n'existait pas. Si au lieu de faire des règlements, on eût cherché *l'objet, la chose, l'idée,* on l'eût peut-être trouvée, et le règlement, s'il en avait fallu, serait ensuite venu de lui-même.

Aujourd'hui, selon moi, il serait beaucoup plus important d'assurer *l'être* de l'Oratoire que d'en faire les Constitutions. Mais enfin vous avez cru devoir consacrer à ce travail toute cette année. Or, je ne sais qu'une chose du résultat, c'est que vous prétendez changer l'une des bases fondamentales de l'ancien Oratoire, la meilleure selon moi, celle qui donne aux assemblées générales le droit de réviser les Constitutions, excepté le *point simple,* approuvé par le Saint-Siège, qui détermine *la nature* de l'Oratoire. Vous, vous voulez faire un ensemble de constitutions et de règlements qui soient immuables dans tous les siècles. C'est tout simplement changer la nature de l'Oratoire. On dirait que vous avez voulu (permettez-moi de sourire un peu) donner à votre passion dominante le bonheur de faire un règlement pour tous les siècles. Et vous êtes venu, tous les quinze jours, nous lire ce que vous aviez fait, en disant après chaque article : « Si tout ceci n'est « pas admis, je me retire. »

Comment ne sentez-vous pas, cher Père, que sur ce point, comme sur beaucoup d'autres, vous travaillez à vide ? Votre travail est inévitablement inutile, soit parce que l'Oratoire, destiné à supporter ces règlements, n'est pas viable, ce qui est tout à fait à craindre ; soit parce qu'il n'admettra pas ces changements, soit parce que Rome ne les sanctionnera pas ; soit enfin, et surtout, parce que, s'il est admis et sanctionné, lorsqu'il sera nécessaire ou utile de changer ce que vous voulez faire immuable, Rome sanctionnera le changement, comme il est arrivé à une Congrégation dont le P. Ad. Perraud pourra vous dire le nom.

Au lieu de tout cela, cher Père, vous auriez dû vous occuper à rendre viable l'Oratoire, en donnant à ses membres l'espérance, la confiance et la joie, au lieu de les attrister en leur imposant des fardeaux, en leur demandant des efforts dont ils sentent fort bien la stérilité, et qui, d'ailleurs, pour presque tous, les éloignent de tout ce qu'ils sont venus chercher dans l'Oratoire.

Vous avez plusieurs fois avoué, cher Père, du moins on me l'a dit, qu'en ce moment il n'y a aucune autorité légitime dans l'Oratoire. Rien n'étant sanctionné par l'autorité supérieure ecclésiastique, la Congrégation n'existe pas encore, et vous n'êtes qu'un simple prêtre, parfaitement égal aux autres en autorité, et cherchant avec d'autres prêtres, aussi libres que vous, et dont la voix vaut la vôtre en ces choses, à constituer une Congrégation. Or, c'est dans ce provisoire, où vous n'avez absolument qu'une autorité de convention, celle que vous donne l'unanimité ou la majorité, c'est, dis-je, dans ce provisoire que l'on vous voit, depuis quelque temps, agir de plus en plus en maître absolu, tendance qui vient enfin d'éclater dans ce fait énorme, savoir la résolution de prendre par un simple acte de votre volonté le Petit-Séminaire de Quimper; le tout étant sur le point de se conclure, au moment où la Communauté, notamment moi et le P. Gillet, qui est du Conseil, apprennent la chose *par hasard !*

Quoi ! sans avoir consulté tous les membres de la Communauté, sans exception, sans avoir fait discuter à fond ce projet aussi étrange qu'inattendu, sans avoir même consulté le Conseil, et d'accord, peut-être, avec deux ou trois membres, dont un novice, vous osez prendre la responsabilité de charger d'un second Petit-Séminaire la Communauté, qui ne peut pas porter le premier. Vous osez décider ainsi de la vocation, de la santé, peut-être de la vie, des hommes qui se confient à vous. Vous les poussez, sans les prévenir, et malgré la tendance et le désir de la plupart (vous le savez bien), vous les poussez de force dans cette aventure que je déclare absurde, moi qui ai, par mon expérience de dix-huit années, le droit d'en juger, que vous n'avez pas. Et vous faites cela lorsqu'évidemment vous n'avez pas, et vous savez ne pas avoir, sur ces hommes, l'ombre de la moindre autorité légitime. Si ce simple énoncé ne vous ouvre pas les yeux, mon cher Père, cela même sera la preuve de ce que j'affirme, savoir : que pour la fondation et le gouvernement de l'Oratoire, votre incapacité est aussi irréparable qu'elle est radicale : irréparable, parce que vous ne pouvez pas même la voir. Ce jugement n'est pas d'hier dans mon esprit, il s'est déposé en moi peu à peu, malgré moi, *en ces mêmes termes*, sous l'influence des faits, depuis environ deux ans.

CONCLUSION

Mon cher et bon Père, malgré tout ce qui précède, il y a plus d'un an que j'hésite à vous écrire cette lettre ; voici pourquoi. C'est, (il faut que vous supportiez encore ceci), c'est que j'ai, avec beaucoup d'autres et plus solidement que personne, l'entière conviction que vous êtes un saint. Pardonnez-moi ce mot, cher Père, j'ai en ce moment l'invincible besoin de le dire avec la même crudité que le reste. En ce moment si vous étiez là, je pleurerais et sanglotterais à vos pieds ; or, très convaincu que vous êtes ce que je dis, j'ai eu souvent, surtout depuis un an, la pensée suivante : Une Communauté où il y a un saint, doit réussir. Dieu bénira tout, malgré les fautes les plus énormes et les erreurs les plus grossières. Voilà ce qui me faisait hésiter.

Mais aujourd'hui, en présence du projet de Quimper, et tout bien pesé, voici mes conclusions :

Je désire que votre vie ne continue pas à se perdre dans la stérilité, quant à l'œuvre extérieure, comme elle se perd depuis bientôt dix ans.

Je désire que votre sainte influence et présence personnelle continue à bénir ceux qui sont avec vous aujourd'hui.

Je désire que vous mettiez à exécution ce que vous proposiez, il y a quelques années, « que le Supérieur de « l'Oratoire puisse se retirer et se reposer à soixante « ans. »

Faites cela quand vous aurez soixante ans ; ce sera, je crois, dans un an.

Alors, cher Père, voici, selon moi, quelle serait votre influence et l'utilité de votre vie, au dedans de l'Oratoire et au dehors.

Vous êtes, grâce à Dieu, le plus vigoureux d'entre nous. Vous avez peut-être encore à travailler jusqu'à quatre-vingts ans.

Par *votre présence seule,* vous pouvez rendre viable l'Oratoire, que votre activité gouvernementale empêcherait probablement de vivre.

Par votre présence seule, vous formez des hommes, des chrétiens et des prêtres. J'ai vu quelles vertus fondamentales vous avez inspirées à tous ceux qui n'en étaient pas absolument incapables.

Pour le dehors, cher Père, vous pouvez transformer absolument votre manière de prêcher et changer cette tendance au vide et à la nullité, en une puissante fécondité. Vous avez, pour cela, d'admirables ressources, d'organe, de ton, de fond d'âme, de secours de Dieu, d'autorité acquise. Mais il vous manque le travail actuel, le recueillement de l'esprit, le retour actuel et réel aux idées, à la vue intuitive des vérités, un peu de lecture, un peu de renouvellement dans les aliments oratoires ; puis la volonté arrêtée de parler rarement, jamais trente jours de suite ; puis encore la résolution de ne jamais parler que de tout votre mieux, de toutes vos forces, et jamais médiocrement, quasi-négligemment. Ne rien dire quand on n'a rien à dire ; ou bien, s'il faut absolument parler, chercher et frapper jusqu'à ce qu'on trouve : savoir sentir la différence de quelque chose à rien, soit dans sa parole, soit dans l'œuvre.

Je reviens à mes conclusions : il faut, ces vacances, assembler tous les Pères dans une première Assemblée générale. Sans cela le gouvernement de l'Oratoire n'est plus que pure et simple usurpation, à très bonne intention de votre part, je le sais, mais enfin usurpation.

L'Assemblée générale avisera. On reconstituera le gouvernement. Je n'ai pas besoin de dire, qu'en aucun cas, je ne puis être absolument rien dans le nouveau gouvernement.

Il faudra se rendre un compte plus clair du but de l'Oratoire. Il faudra discuter à fond la question des Petits-Séminaires. S'ils sont maintenus comme l'une des œuvres de l'Oratoire, ce à quoi je ne m'opposerai pas, il faudra s'en occuper d'une manière utile et non pas d'une manière absurde.

La manière absurde est celle qui consisterait à passer les vingt premières années de l'Oratoire (il y en a déjà bientôt dix) à diriger, *ou plutôt à ne pas diriger*, à partir de Paris, deux Petits-Séminaires, situés : l'un à Saint-Lô, l'autre à Quimper. Passer vingt ans pour fournir, peut-être, à chacune de ces maisons, une douzaine ou une quinzaine d'hommes, qui feront à peu près ce que faisaient les prédécesseurs, et croire que l'on a fondé une œuvre en faveur des Petits-Séminaires et que l'on a rendu un service à l'Église, voilà ce qui est inexplicable.

Selon moi, l'unique chose à faire eût été et serait de s'attacher exclusivement au Petit-Séminaire de Paris, d'y concentrer ses forces, d'y faire quelque chose qui différât de *rien*, d'en faire un *type*, une *institution*, comme le Grand-Séminaire de Saint-Sulpice. Alors on aurait fait une œuvre en faveur de tous les Petits-Séminaires du monde. Sans cela l'on n'a rien fait du tout.

Et notre recrutement ?

Il se ferait tout autant dans le Petit-Séminaire de Paris que dans ceux de Saint-Lô ou de Quimper, mais il se ferait surtout parmi la jeunesse des écoles, notre vraie substance, dont nous serions déjà peuplés, si nous n'avions jusqu'à présent tourné le dos à notre but.

P. S. Je sens, cher Père, que ce que j'ai dit sur le Père Simon vous paraîtra cruel. Vous savez très bien qu'en tout cela je n'accuse ni votre cœur excellent, ni votre parfaite pureté d'intention, mais seulement l'erreur énorme dans laquelle vous êtes. Mais je n'en ai pas dit assez. J'y reviens. Le P. Simon est venu à nous attiré par le nom de l'Oratoire, lieu d'étude et de prière, et par une réelle et profonde vocation philosophique. Au lieu de lui faire suivre cette vocation de Dieu, que Dieu mettait en lui, au lieu de faire comme M. de Condren, qui lisait dans les âmes la direction de Dieu, et tremblait d'y substituer la sienne, nous, nous ne nous sommes pas inquiétés de cette vocation qui sautait aux yeux. Nous l'avons lancé dans une voie arbitraire, inventée par nous, contraire à ses goûts, à ses espérances, à l'impulsion qui était en lui. Nous l'avons attiré par une fausse enseigne. Nous l'avons trompé et nous l'avons tué.

Prenez garde au P. Galey, au P. Gibon, au P. Mariotte et à plusieurs autres.

A. GRATRY.

Mon bien cher Père,

Je reçois à l'instant du P. Adolphe une lettre où il me *supplie et me conjure de ne pas introduire un seul mot exagéré* dans la lettre que j'ai dit devoir vous écrire, *de peur de tout perdre sans ressource*. J'avoue que je comprendrais cela, s'il s'agissait « d'un tyran cruel et peu délicat. » Mais lorsqu'il s'agit de vous, cher Père, il me semble que ceux qui vous aiment et qui vous tiennent pour ce que vous êtes, doivent au contraire vous parler dans la plus absolue sincérité. S'il y a dans ma lettre des paroles exagérées, ce que je ne crois pas, s'il y a des faits de détail inexacts, ce qui est possible aussi, je suis tout prêt à le reconnaître, et à vous demander pardon, tout en regardant l'ensemble de ma lettre comme aussi évident que le jour.

Je vous embrasse, mon bien cher Père, et vous supplie de prier pour moi.

A. GRATRY.

Mon cher et bon Père,

Je viens de recevoir du P. Lescœur une lettre qui me soulage beaucoup. Malgré ma confiance en vous, je craignais, *par impression*, que vous ne fussiez *indigné* de ma lettre, me considérant comme un traître, un parricide, un scélérat. J'en rêvais quasiment en ce sens. Mais la raison, et les mots que vous avez dits au P. Lescœur sont d'accord, et je vous retrouve bien *vous, vous tout entier*, l'homme que j'ai été chercher il y a bientôt quatorze ans par un mouvement du bon esprit.

Je voudrais tant que ce ne soit pas en vain ! j'ai une si haute idée de ce qu'on peut faire, et de ce que vous auriez pu faire, je vois si bien que vous pouvez former des hommes, des chrétiens, des saints ; que vous avez une vertu capable de tremper les âmes ; que vous avez peut-être encore vingt-cinq ans à travailler ; je vois si bien tout cela, que je suis désespéré quand je pense que par erreur, par ignorance d'un point, savoir : qu'est-ce qu'une maison d'enseignement secondaire, vous risquez de stériliser votre belle vie. Passer vingt-cinq ans, comme l'abbé Bautain, à ne pas fonder une maison d'enseignement secondaire, et à perdre l'existence de vingt ou trente hommes de bonne volonté, quelle calamité !

Je vois comme de mes yeux, que vous ne faites *rien de très bien*, et vous pourriez faire des choses parfaites, former des saints. Vous êtes mangé, dispersé, écrasé par une œuvre lourde et impossible dans le sens où vous la prenez. Et qu'est-donc que ce recrutement de St-Lô ? *Six* hommes je crois depuis dix ans. Dans dix ans par St-Lô et Quimper vous en aurez environ *vingt de plus* en tout ; ce ne sera que la moitié (en tout de ce qu'il faudrait pour faire bien aller les deux maisons. Tout sera perdu, la vie, le recrutement, et l'œuvre des Petits-Séminaires.

Quant à cette dernière œuvre qui, bien faite, me plairait beaucoup, mais dont vous ne soupçonnez pas la difficulté, elle n'aura lieu qu'ainsi : « On prendra sous « les yeux de la Maison-Mère, le Petit-Séminaire de « Paris, et on en fera *un type.* » Si cela est fait, tout est fait, pour tous les Petits-Séminaires de France et au-delà : si cela n'est pas fait, *rien de rien* n'est commencé.

Mon bien cher Père, en tout cas je vous aime de tout mon cœur, et cette lettre n'était que pour vous le dire : je vous bénis, priez pour moi, et bénissez-moi.

Ce que j'ai dit des soixante ans, je ne l'ai pas donné comme une chose posée, mais comme une parole de vous seul, que chacun a repoussée et moi plus fort que les autres. Le P. Lescœur me dit que c'était soixante-dix ans, c'est très possible, cela n'importe en rien. Adieu, mon bien cher Père, je vous embrasse très-tendrement.

A. GRATRY [1].

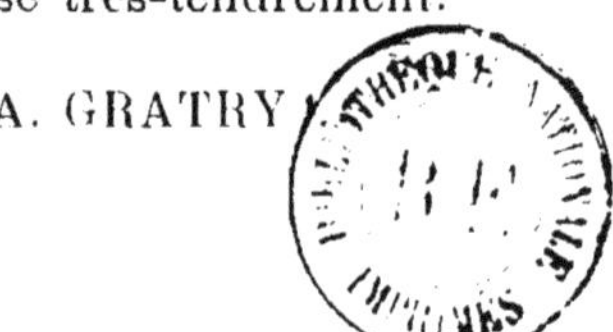

---

[1] Plusieurs Lettres écrites à la même époque par d'autres Oratoriens encore vivants, confirment le dire des PP. de Valroger et Gratry ; elles seront publiées plus tard.

C. PAILLART
IMPRIMEUR A ABBEVILLE

Tirage à cent exemplaires numérotés

www.ingramcontent.com/pod-product-compliance
Ingram Content Group UK Ltd.
Pitfield, Milton Keynes, MK11 3LW, UK
UKHW020233180726
13838UKWH00005B/2362